문학과지성 시인선 327

라디오 데이즈

하재연 시집

문학과지성사

문학과지성사에서 펴낸 하재연의 시집

세계의 모든 해변처럼(2012)
우주적인 안녕(2019)

문학과지성 시인선 327
라디오 데이즈

초판 1쇄 발행 2006년 12월 1일
초판 7쇄 발행 2024년 12월 2일

지 은 이 하재연
펴 낸 이 이광호
펴 낸 곳 ㈜문학과지성사

등록번호 제1993-000098호
주   소 04034 서울 마포구 잔다리로7길 18(서교동 377-20)
전   화 02)338-7224
팩   스 02)323-4180(편집) 02)338-7221(영업)
전자우편 moonji@moonji.com
홈페이지 www.moonji.com

ⓒ 하재연, 2006. Printed in Seoul, Korea

ISBN 89-320-1743-3 03810

이 책의 판권은 지은이와 ㈜문학과지성사에 있습니다.
양측의 서면 동의 없는 무단 전재 및 복제를 금합니다.

문학과지성 시인선 327
라디오 데이즈

하재연

2006

시인의 말

너는 안녕이라고 말하고,
나는 안녕하냐고 말하지.
비틀스의 노래가 생각났다.
언제부터 알고 있던 음악일까?

2006년 초겨울
하재연

라디오 데이즈

차례

시인의 말

제1부 우리들은 물고기처럼

휘파람 9
천국의 계단 10
동시에 11
나비 효과 12
팔월의 일요일들 14
일요일의 골동품 가게 15
거품 16
장미 덩굴처럼 17
사계절의 상인 18
향수 20
오 분간 21
네 얼굴은 불빛 아래 22
오래된 침대 24
한여름의 스노볼 25
아마도 내일은 26

제2부 이상하고 환한 요일

아이들은 자란다 31
구름의 식탁 32
복도의 아이 34
할머니의 침대 36
라디오 데이즈 38
Snow White 40
내 꿈은 학교 42
나는 얼굴이 검은 아이 44
내 사랑 변전소 46
스텔라 미장원 48
이동 49
봄의 교향악 50
공생기 52

제3부 안녕, 안녕

나만의 인생 55
서커스 56
스파이더맨 58
우리는 만난다 60
눈뜨는 영혼 62
피의 책 64
그대는 마네 65
여름의 달력 66
의자 68

토요일은 밤이 좋아　70
간선 도로　72
우리들의 일요일　74
문들　76
봄날의 인사　77

제4부 여기는 나일, 여기는 고베, 여기는 이름 모를

지상의 저녁식사　81
머나먼 북쪽　82
드림 캐처　84
아름다운 날들　86
음악들　88
에코　90
빵의 황제　92
열한 개의 창문　94
아름답고 푸른 도나우　96
흑백 영화　98
고속도로 위에서　99
미드나잇 트레인　100
흐르는 강물처럼　102
나는 자전거를 타고　104

해설 | 초연성(超然性)의 시 쓰기 · 이광호　106

제1부
우리들은 물고기처럼

휘파람

그림자들이 여러 개의 색깔로 물든다
자전거의 은빛 바퀴들이 어둠 속으로 굴러간다

엄마가 아이의 이름을 길게 부른다
누가 벤치 옆에
작은 인형을 두고 갔다

시계탑 위로 후드득 날아오르는 비둘기,
공기가
짧게 흔들린다

벤치, 공원, 저녁과는 상관없이

천국의 계단

당신은 발자국 소리가 없어요
고양이의 영혼
아이들은 당신을 두려워하지 않지요
당신에게는 시간이 오래 머물러 있습니다
나에게서 아주 조금만 가져가준다면
나는 당신과 영원히 함께 있을 텐데
나는 당신의 주름을 가만히 움켜잡고 싶습니다
내 몸의 빨간 피를 하나하나 응고시키면
이파리의 물관들처럼 싱싱한 지도가 생기겠지요
당신은 그냥 나를 지켜봐도 좋습니다
하나, 둘, 셋 하다가 나는 잠이 들 것입니다
당신은 마치 거기서 달리려는 것처럼

동시에

그녀는 책장을 넘기고 있었고
남자가 문 열린 차를 타고 벼랑으로 내달았고
고양이가 식탁 위의 커피잔을 건드렸고
양탄자가 약간 들썩거렸고
고장난 시계 초침이 열두 번을 돌았고
소년은 마라톤 결승 테이프를 끊었고
그녀는 행운을 빌었으나
양손이 쪼글쪼글해지고
머리칼이 가늘어지고
커피는 쏟아졌고 양탄자는 젖지 않았고
남자가 녹색 지붕 아래 비행하는 순간

나비 효과

지붕 위에 올라간 돼지들을 보고 있던 어젯밤
당신은 술 취해 택시 기사와 멱살잡이를 한다
화면의 폭우는 미칠 듯이 계속되고

집의 주인들은 없다 지붕은 회색이거나 파란색이지만
돼지들은 어떤 지붕이건 가리지 않고
흙물은 붉다

한 호랑나비 웃는 얼굴로 날갯짓한다
그 무늬로 적을 겁주거나
그 미소로 핀에 꽂히거나

보폭을 유지하기 위해서는 그의 등을 잘 보아야 한다
다가서는 순간
등의 표정은 무너지고 만다

거리에서 나는 늘 추월당한다

지나쳐온 것들은 언제나 뒤에 남아 있기 때문이다

돼지의 여름과 무관하게
호랑나비의 여름과 무관하게

새가 아파트 103동과 105동 사이로
조용히 날아간다
하늘에는 새의 곡선이 남아 있지 않다

팔월의 일요일들

나하고 상대해서 좋은 점은 여러 가지 치수가 골고루 다 있다는 점 일요일의 나는 당신이 원한다면 날아갈 듯 나비 정장을 입을 수 있지 그대가 원하는 것이 무늬와 무늬가 만나 빚어내는 어지러움이라면, 그 눈, 끝이 보이지 않는 검은 나선형 무늬라면

배추나비는 배추에 앉고 호랑나비는 정처 없다 팔월에는 네 번의 일요일이 있고 한 번의 일요일이 가고 나는 베란다에 무순을 걸어놓고 두 번의 일요일이 오고 무순의 뿌리가 나고 팔월에는 네 번의 일요일

어느 일요일, 티브이에서는 스키마스크를 쓴 남자의 무혈 혁명, 유리창 앞의 의자는 비어 있는 긴 의자 일요일의 나는 빈 의자에 앉지 않는 사람이고 나하고 상대해서 좋은 점은 여러 가지 치수가 골고루 다 있다는 점, 어떤 일요일, 나는 유리창의 햇빛과 얼룩을 남겨둔 채 긴 의자에 앉기도 하고

일요일의 골동품 가게

일요일의 골동품 가게에 스며드는 건
직사광선이 아닌 햇살
나는 그 옆을 지나는 사람이네

일요일의 골동품 가게에는
고독의 삐에로가 기도하고 있고
나는 그 안을 들여다보는 사람이네

깨어진 보도블록을 밟으며
거리를 헤엄쳐 다니는 물고기를 헤아리고
차들은 한 대 또는 두 대가 지나가고,

골목은 골목과 통하지만
때로 골목은 어떤 골목과도 통하지 않고
일요일의 골목 안에는 닫힌 상점들

거기는 열려 있을지도 모르지만
직사광선이 아닌 햇살이 스며드는 그곳을
나는 지금 기억하지 못하는 사람이네

거품

그는 확실한 사람이었을지도 모른다 그러나 왜 그에게 한 말들이 텅, 하고 울려나왔을까? 거품에 대해서라면 나는 어린 시절, 그 어지러웠던 비눗방울의 아름다움에 대해서밖에 말할 수가 없다

나는 여러 개 동그라미가 되어 건너편으로 날아간다 동그라미들이 어디까지 닿는지 이쪽의 나는 볼 수가 없고 내 동그란 입은 빨강 주황 초록 나를 자꾸자꾸 만들어낸다

이쪽의 나는 아직 이쪽이고 그는 끝나지 않는 그림이다 그의 얼굴은 맑았다가 개었다가 구름은 꼬리에 꼬리를 문다 그의 표정이 또 다른 곳에서 빗방울을 만들어내는 동안

내 투명해진 눈동자를 넘어 그를 본다 나는 아마도 조금 전의 그를 보고 있었던 것이다 조금 후에도 그는 사라지지 않는다 그러므로 나는 확실한 그를 보고 있었던 것일까?

장미 덩굴처럼

창문 쪽으로 머리카락이 자라고
바보처럼 눈이 감겨

유리잔을 바삭바삭 씹어 먹고 싶다
주말에는 목이 마르고

자고 일어나면
처음부터 시작할 수 있을 것 같아

아름다운 가시들은 어디에서부터
처음으로 돋아나는 걸까?

약병들이 고요히 밤을 새는 동안
혈관들은 손목 아래로 퍼져 나가네

피부가 얇아진다
속눈썹이 길어지는 것만 같다

사계절의 상인

드러그 스토어

약병들은 알록달록하고 잡지들은 아주 얌전히 포장되어 있지 누군가 탕, 하고 문을 열고 들어오고 동그란 거울들은 카우보이 모자를 감시하네 음악은 비밥 신경안정제들은 빨간색 초록색 노란색 꽃밭 같아 카우보이 꽃 한 송이 들고 스윽 사라지네 빗소리 사이로

사계절의 상인

아무것도 나의 세계를 바꿀 수 없네 형체를 바꾸는 구름처럼 느리게 흘러 흘러가는 사람들 이 거리에서 나는 누구에게나 발견되고 나는 기분 좋은 공기야 윤기 나는 파프리카를 한 봉지 담아주면 빨간색 초록색 노란색 그들은 저녁 식탁을 차리러 돌아가고 아무것도 나의 세계를 바꿀 수 없네

2인용 볼록 무늬 소파

14인치 TV, 포터블 시디피, 덴마크로의 비행, 눈 내린 잣나무들, 닭고기덮밥, 도시락, 단단한 머그컵,

높은 창문 광장의, 빗소리, 2인용의, 흰색 볼록 무늬 소파, 자명종 시계, 야광 시침과 분침의 우주, 어둠 속에서 숫자판은 보이지 않아 짧은 바늘과 긴 바늘이 조용히 움직이고 우주를 가로질러 건너편에서 푸드득 깃털이 떨어지는 소리가 들려

원형 도서관

천장의 공기가 1층까지 떠돌고 있는 도서관에서 아이는 발을 꼼지락거리며 책을 읽고 있다 책장에는 백년 전 아이의 지문이 남아 있으나 누구도 신경 쓰지 않는다 도서관 천장은 하늘로 뚫려 있다 아무도 태어나지 않을 때까지 도서관 사서는 바코드를 찍는다 그리고 아무도 태어나지 않을 때까지 아이는 발을 꼼지락거린다 탕, 누가 나간 흔적이 있다

향수

　하나의 발자국이 다른 발자국을 지우는 것은 아니다
누가 정원에다 나쁜 냄새를 흘리고 갔는가?

　나비의 향기가 팬지를 좀먹어가듯, 두 개의 눈동자
가 호랑나비의 가슴에 남아 밤에만 빛나듯,

　더러운 그늘이 구름을 만들고 구름은 구름을 불러
모은다 그러니 정원에서 길을 잃었던 건 누구인가?
젖은 양 떼의 발자국처럼

　비릿한 냄새, 새까맣게 새들이 깃털을 떨어뜨린다
깃털의 무덤 그리고 무덤 위에서 그들은 태어나지만,

　누구도 자신의 냄새를 맡을 수가 없다 이곳에서는

오 분간

 어려운 건 결심의 문제다 저 구름은 오 분간 한자리에 머물러 있기로 한 모양이다 오 분 후 구름은 쉬지 않고 내내 자세를 바꿀 수도 있을 것이다 중요한 것은 내가 보고 있는 오 분간이다 바람이 구름을 지나치는 순간, 구름의 모양은 흐트러진다 그것이 바람의 힘이었을까를 생각하는 것은 어리석은 일이다 그렇지 않은가? 그 역도 마찬가지다 구름의 힘이 바람을 불러들인 것은 아니다 저기 있는 구름을 결정한 것은 구름의 형태가 아니고, 내가 보는 구름은 오 분간 한자리에 머물러 있는 구름이다 우리는 오 분간, 아주 약간, 옮겨진 건지도 모르지만

네 얼굴은 불빛 아래

불빛이 타는 거리를 지나 세 사람의 광장을 지나 벌과 꿀의 언덕을 넘으면 푸른 잿빛 거리 지나 초록 기찻길을 지나 붉은 강물의 길로 들어서면 여름 봄 겨울이 가고 깨어진 노란 머리 여자애들이 유리병을 창문 밖으로 던지며 깔깔거리고 나는 온통 젖어 불빛에 타고 가을이 지나가고 내가 가진 모든 동전들이 없어지고 회전목마의 말들이 뚜벅뚜벅 꿈속으로 들어서듯이 네 얼굴은 불빛 아래 돌고

가로등 아래 트럼펫을 부는 사내 까만 점을 빛내며 웃고 가끔 너는 행복하다 말하고 가끔 너는 슬프다 말하고 네 얼굴은 불빛 아래 아무도 몰라보게 허옇게 분칠을 하고 혁명의 거리를 지나 하나뿐인 길을 건너 삐걱거리는 침대의 보도를 밟으면 내 발자국은 반복되는 마지막 소절 주제를 잊고 느리게 흘러가는 기이한 간주

네 손가락에 차갑게 얼어 있는 네 손마디에 기록되

지 않는 귀청을 뚫고 지나가는 나는 싸구려 선술집의 주크박스에서 삼만 년째 돌고 있는 차가운 맥주 거품처럼 꺼져가는 너의 목소리는 네 머릿속에서만 흘러나오고 너의 목소리는 지상의 만 분의 일 초도 흉내 내지 못하고 북극에서 차를 몰고 달려온 사내의 병 속에서 투명하고 아름다운 알약들이 꽃처럼 피어나고 흩어지고 죽음 같은 음도 고요한 칼날도 지각하지 못하는 네 손가락이 만지는 허공에

오래된 침대

 내 옆구리에는 몇백만 년 전 누군가 뱉어놓은 무화과 씨앗이 걸려 있는지도 모른다 올이 고운 먼지들이 손으로 짠 담요처럼 나를 덮는다 언제부턴가 나를 지나간 지상의 숨결들 내리쬐던 환한 빛을 기억하려 할 때마다 옆구리가 아파왔다

 고요한 한낮을 기억할 수 없이 오랜 동안 건너왔다는 이야기를 하는 것은 아니다 시간의 틈새에 몸을 열어두는 일 그리고 낮과 밤의 기나긴 운행 뚫린 하늘로부터 내려앉는 살비듬들, 천장이 아득해진다

 푸른 먼지 결 고운 곰팡이는 내 좋은 토양 몸 안의 무화과 이파리 줄기들 한없이 전화선 속으로 들어가 우주 건너편의 어떤 한낮, 누워 있는 여자의 눈까풀을 가만히 쓰다듬을 것이다 그 화사한 손길을 꿈꾸는 동안, 그리고 누구도 나를 방문하지 않는 동안

한여름의 스노볼

아무도 물고기처럼
수영을 하지는 않아
비행기가 새처럼
날아가는 게 아니듯
내가 있어도 없어도
여름의 하늘색은 파랗고
아이스크림은 달콤하지

우주는 스노볼처럼
둥그런 게 아냐
네가 잠든 게 언제인지
너는 모르고
우리들은 깜깜해졌다가
밝아지곤 하지
유리창은 잊고 있었다는 듯
깨져버리지

아마도 내일은

아마도 내일은
오래된 눈

누군가 장례식장으로 가는 차를 몰고
그대는 죽지 않고 나는 살아 있네

눈은 날리고 날리는 눈은
유리창에 부딪혀 녹아 없어지네

그대의 검은 머리에 내려앉고
내 검은 눈동자를 비껴 나가던

오래된 눈 창에 얼룩을 남기고
나는 얼룩을 지우네

누군가 흰 꽃을 던지고
우리는 집으로 돌아가지 않네

노래는 끝을 알 수 없이 희미해져
그대는 죽지 않고 나는 살아 있네

아마도 내일은
그대와 나와 오래된 눈

제2부
이상하고 환한 요일

아이들은 자란다

모자가 머리칼을 덮고
흰 칼라가 어깨를 덮듯

노인이 노인을 잉태하고
아이가 아이를 잉태하고

내가 사랑한 소녀는 어디로 갔을까?

기린의 발자국만큼 작은
발자국들로부터 또 누군가 달려나간다

작은 발바닥들이 포개질 때
혈액은 강물처럼 따뜻해진다

구름의 식탁

25시슈퍼마켓의 왼쪽 네번째 선반,
푸른색 정어리 통조림이 천사백 원이다
먼지가 소용돌이 모양으로 앉아 있다
나는 만 원을 내고 동전 두 개를 짤랑거리며 돌아온다
뼈째 담겨 있는 일곱 개의 죽음, 혹은 일곱 끼의 식탁

부엌 창 앞의 정어리들, 뾰족한 머리를 하늘로 향하고 있다
정어리의 머리들은 전부 어디로 갔는가?
소나기와 고양이가 가끔 창문을 기웃거리다
그들의 지문을 남겨놓는다
그러나 정어리는 고양이에게 고양이는
소나기에게 소나기는 정어리에게 무관심하다
무관심한 그들의 지문을 며칠째 남겨놓는다

나의 식탁에 가끔 초대받는 것은

구름이다 그는 고요히 턱을 괴고
나와 나의 저녁에 그늘을 드리운다
구름을 걷어내기란 힘이 들어서
나는 한 옆에 그늘을 커튼처럼 늘어뜨리고 깡통을 딴다
내 부엌 창 앞의 정어리 깡통은 언제나 일곱 개다
일곱 가지의 죽음, 혹은 일곱 개의 행운

신세대오락실의 텀블링 세 대를 지나
현대부동산 앞의 평상을 지나면
25시슈퍼마켓,
나는 자정 이후 그곳에 가본 적이 없다
다만 아침까지 주인에게 잊혀진 환한 간판을 상상할 뿐
그리고 25시슈퍼마켓의 왼쪽 네번째 선반에는
푸르게 절여진 죽음과 움직이지 않는 소용돌이가
쌓여 있다 하나에 천사백 원이다

복도의 아이

복도의 끝에
아이가 있다
복도의 이쪽에서 저쪽으로 가는 동안
아이는 큰다
머리가 고슬고슬하다

발자국이 울릴 때마다
아이는 줄넘기를 하고 자라고
비를 맞는다
창문에서는 햇빛과 어둠이 교대로
아이의 뺨을 때린다

복도의 이쪽에서 저쪽으로
가는 동안 아이는 키가 크고
희미해진다 하얗게 웃는다
머리카락이 발등을 덮고

창문들이 열렸다 닫혔다 한다

바람 소리를 내는 목구멍 속으로
검은 창이 하나 보인다
바람이 아이를 통과한다

할머니의 침대

벤자민 베고니아 고무나무 이파리
죽은 화분에다 물을 주면
한 마디씩 식물의 꿈이 자라나서
내 마른 다리를 친친 감아 올랐다

물고기처럼 조금만 먹고
생리를 하지 않는 어른이 될 거야
내 병아리와 강아지가 잡아먹힌 건
아주 옛날부터 알고 있었는데
엄마는 비밀을 말하듯 웃고 있었지

잠이 오지 않는 건
밤 때문
방문 손잡이 때문
무거운 시트가 덮인
할머니의 침대 때문

눈꺼풀이 얇아져

낮이면 햇빛이 배를 쿡쿡 쑤신다
고무나무 야자열매 히비스커스
이것들의 뿌리는
덥고 습한 밀림에 묻혀 있을까 지금도
어항에 물을 채우면
솟아오르는 기포가 물음표 같다

머리카락이 예쁘게 자라지 않는 건
콩을 골라냈기 때문
기도를 하지 않았기 때문
할머니의 침대 때문
화분의 흙이 새빨갛게
말라버렸기 때문

라디오 데이즈

 보급소 소장이 욕을 했다 병신 새끼, 미칠 듯이 더운 여름 옆집 난쟁이 아저씨가 나의 개를 잡아먹었고 나는 그 집 딸의 주근깨를 증오했다 계절마다 배불러 웃고 다니는 국화 엄마의 부풀어오른 배를 나무 꼬챙이로 찔러보고 싶었다

 푸른 면도날과 붉은 꽃을 상상하다가 잠이 들고 매일 아침 엄마는 울면서 깨어났다 밤마다 이불이 축축하지? 옆집 주근깨가 누런 이를 드러내며 비죽 웃었다 일요일 저녁에는 은빛 자전거를 닦고 연탄재 옆에 쭈그리고 오줌을 눴다 몹시 땀이 났다

 우리는 달려간다 이상한 나라로 니나가 잡혀 있는 사차원 세계는 언제나 방과 후였다 방과 이전과 방과 후 세계는 나에게 두 가지뿐이었다 영어 선생은 추한 여자였다 긴 화상 자국이 블라우스 아래 숨겨져 있을 것 같았다

붉은 꽃을 보여준 건 주근깨였다 엄마는 어느 날 아침인가부터 울면서 깨어나지 않았다 냇물아 흘러 흘러 어디로 가니 따위 노래는 이제 아무도 부르지 않는다 은빛 바퀴는 어디론가 굴러갔다 나는 초록색 철대문집 아이였다

Snow White

피아노가 배우고 싶었어
하얀 건반 까만 막대 하얀 건반 까만 막대
너무 반질반질해서 땀이 났지

빛나는 막대에 까만 손톱이 비치면
레슨 선생의 분유통을 열어 하루에 딱 두 숟갈씩,
훔쳐 먹었는데,
상이 엎어지고 생선이 두 동강 나고 그녀가 머리채를 휘어 잡힌 건
내 탓이 아니지 않아?

구름이 맑은 날은 옥상에서 기타를 쳐
노래는 아무거나 팬지꽃 나비꽃 맨드라미꽃
거기서 떨어지면 붉은색 고무호스가 눈을 찌르겠지만

맨드라미꽃이 입술을 벌리고 이리 와 이리 와
노래 부르는 날엔 나비꽃 팬지꽃 맨드라미꽃

구름이랑 계단이랑 창문들은 뱅글뱅글 슈퍼맨처럼
돌아가네

　피아노가 배우고 싶었어 정말
마당 화단에 달팽이들이 기어다녀서
하늘이 맑은 날은 귓속이 끈적끈적해

땀이 묻은 기타줄이 녹슬어가고
날마다 두 동강이 나던 달팽이들 기어가네
달빛이 맑은 날은 옥상에서 기타를
거기서 떨어지면 뾰족한 계단이 눈을 찌르겠지만

내 꿈은 학교

기계들이 새카만 입을 벌리고 노래하는
비둘기네 집, 다정하게 울려 퍼지는 교문 옆에
놓여 있는 건 내 짝의 머리라서 담벼락에 바짝 붙어야 해요

유리병 조각들이 프레스 칼날처럼 반짝거리는 담장들
작업복을 입은 소년이 소리칩니다 헤이,
비둘기양 깃털 하나를 떨어뜨렸어

우주 구름들이 우우우 몰려오면
방공호로 대피할 시간입니다
비행기가 내 뒤에서 추락하는 동안
책상 밑에서 그 애의 귀를 만졌습니다

나는 달려요,
나는 달립니다,
다리엔 난간이 없고

난간 옆에는 개천이 흘러요
연산 문제들은 8분음표나 16분음표입니다
다리 밑에서 선생들이 개를 잡고요

머릿속에 구름들이 뭉게뭉게 피어나
그 애의 눈동자가 백묵가루로 하얘지는 순간입니다
학교는 한밤의 변기 구멍처럼 까맣게
열려 있습니다 아아오오 합창하는 것처럼

나는 얼굴이 검은 아이

나는 얼굴이 검은 아이
집 마당에 꽃이 만발하고
나무껍질 냄새가 코를 간질이는 계절
경사스런 일들이 치러지는 동안

나는 얼굴이 검은 아이
친척들은 나를 알아보지 못하고
먼지가 소복소복 머리 위로 쌓인다
어둠 속에서 빛나는 은색 머리칼

머리를 길러 곱게 빗고
나는 자갈과 인형들을 모은다
장미, 구름, 하늘
새 도배지들은 이상한 냄새가 났다

그들은 왔다가 돌아가고
나는 배고픔도 없이
얼굴이 검은 아이

검은 머리 흰머리 꿈속에서도
당신은 끝내 나를 알아보지 못한다

내 사랑 변전소

밤이면 도시 전체가 울고 있는 것 같은 느낌, 오늘은 산에 열두 명의 벌목공이 왔다 갔어 여기는 굴뚝도 많아서 몇 개의 구름이 때때로 걸려 있지 산에 오르면 버려진 참호들이 여러 갈래로 퍼져나가고

그곳의 공원과 도서관은 맘에 드니? 가끔은 자전거 타는 아이들을 보며 벤치에 앉아 점심을 먹겠지만, 어른들은 휘파람을 불지 너는 너무 멀리 갔고 이곳에서 정말로 중요한 것은 날씨뿐이지

이곳의 사람들은 진정으로 번개를 두려워해 길에서 마주치면 실핏줄이 들여다보일 것 같아 우리들은 스웨터를 입지, 도시를 두고 대기가 흘러 다니는 느낌 거기에서도 사람들은 사랑을 하니? 비가 오면 어쩔 수 없이 비를 맞는 것들이 생겨나곤 해

도시의 끝에는 발전기가 있고 확인하기 위해 너는 하루 종일 걷고는 했었는데, 하늘에서 전선들은 끝없

이 흘러나가지 밤이면 나는 스위치를 올리고 나는 조금 지직거리지 거기에서도 비가 오고 구름이 지나가고 사람들은 울고 사람들은 번개를 두려워하니?

스텔라 미장원

　나는 무거운 여자입니다 원하는 게 무언지 알 수 없을 땐 손톱 거스러미를 정리해요 상승하고 싶었어요 황금색 약에 씻겨 내려가는 휘발성 오후처럼 당신이 왔다가 당신이 돌아가고는 해요 제1의 당신이 면회 나와 나를 기다리고 있을 때 제2의 당신하고 여관방에 들어갔는데 메리야스가 창피해서 제2의 당신이 내 뺨을 때리는 동안 제3의 당신하고 빈대떡을 나누어 먹고 제3의 당신이 사라지고 제4의 당신하고 나는 오래오래 살았는데 제4의 당신이 키가 커졌고 제5의 당신이 떠나버리고 기화하는 술을 여러 잔 마시고 제4의 당신에게 전화를 해요 커튼을 좀 쳐주세요 미장원이란 이름은 이제 아무 데도 없다구요? 거울을 볼 때마다 당신들의 미소를 흉내 냈는데 어려지고 싶어서는 아니고 예뻐지고 싶어서도 아니고 그건 참을 수가 없어서 여기는 아슬아슬합니다 신비로워지는 건 별로 내 의도가 아니었지요 그냥 무언가 떠오른 것뿐인데요 옥탑방 위의 벌룬 광고처럼 무의미하게 그 머리카락은 내 것이 아닙니다 나는 매번 평범했습니다 농담처럼 가벼워지고 있는 건가요?

이동

 당신은 그 여자를 알고 있었는가? 떨림이나 울음 같은 것을 말하는 것은 아니다
 그 여자의 보이지 않는 둘레 안에 누군가 들어왔다 나갔다 하는 것을 둥그런 무늬가 일그러지거나 또 다른 고리를 만드는 것을
 만약 당신이 선택하는 자라면 옆에 있거나 떠나거나 둘 중에 하나이다 그러나 당신은 그 여자를 알고 있었는가?
 그 여자는 울거나 웃었거나가 아니라 다른 쪽을 향해 조금씩 움직였다는 것을

봄의 교향악

화분에 세 개의 이를 묻어두었어
연두 잎들이 흰 씨앗의 속살을 뚫듯이
여덟 살, 스무 살, 스물일곱 살에

내 갈색 눈동자
속에 모래알

병원 천장은 날아오르는 비행접시 같았지
나팔꽃들도 추락한 비행접시 같았지
내 피가 아무도 더럽히지 않았으면
좋겠다는 생각을 해

주름이 펴진 시트가 창밖에 펄럭거리는 봄날에
목소리가 조금씩 커지면
불러보지 못했던 노래를 부를 수 있다는 게
맞는 말일까?

내 흐르는

혈액 아래 모래알

색색깔의 수첩들이 서랍 속에서
나, 나, 나, 하나씩 불타오르는 봄날에
덩굴손들은 호미에 잘려나가지

내 펄럭이는 어깻죽지에
모래알

공생기

 소리 없고 무분별한 그것들이 집을 짓기 시작했어요 살찐 입들에 머리칼이 하얗게 사위어갔지만, 어쩌겠어요? 그것들이 내 귀의 달팽이관에 똬리를 틀 때쯤, 나는 자주 중심을 잃어버렸어요 내 검은 동자는 창문이 되고, 나는 모든 빛을 잘 받아들였지요

 두터운 겉옷은 해지고 새로 짠 옷을 입은 듯했어요 얇은 유리창처럼, 나는 파르르 떨렸지요 어떤 소리도 나를 통과해 갔답니다 툭, 하고 가끔 누군가 무얼 묻고 싶어 하는 것 같았지만, 나는 아무 냄새도 피우지 않고 쳐다보고 있었어요 두 눈이 아주 맑아지는 것 같았어요

**제3부
안녕, 안녕**

나만의 인생

내 눈동자는 나의 것
눈썹을 깜박이는 것도 나의 의지입니다
고개를 돌려 당신을 바라보는 것도 나의 의지
내 손은 나의 것
담배를 피우거나
비벼 끄는 것은 나의 의지입니다
연기가 피어올라 공중으로 사라져가듯,
나의 말은 나에게서 나와
당신에게로 흘러들어갑니다
당신이 나의 말을 이해할 수 없다면
그것은 내 뜻이 아닙니다
그렇지 않은가요?
어느 날 당신은 누군가를 사랑하게 되고
거리에 불이 켜지면
나는 거리로 나갑니다
어느 날 가로등들이 꺼졌다 켜졌다 하듯이
당신은 누군가를 만나게 되고
나는 쏟아지는 불빛을 거리에서 맞습니다
나의 의지는 나만의 것이지만,

서커스

모자를 벗고
지팡이를 세우면
작은 키에 하얀 얼굴이 나오네.

딱 한 번 했던 사랑 고백 때,
소녀는 웃어버렸지.
열기구를 탄 것같이,
지면이 점점 멀어져서
속으로 엄마를 불렀어.

코끼리들이 자꾸 부스럼이 나면
마음이 좋지가 않다.
머리를 땋아 돌돌 말아 올리며
거울은 동그란 거울이 좋아,
라고 속삭여보지.

그물 위에서 바라본
무지개 색 천장은 어디서나 멀다.

가시 달린 덩굴장미 래그타임이 울리면
불꽃에 새빨갛게 단도를 달구자.

세계지도를 한 장 두 장 모아
나를 데리러 오라고
편지를 쓰네.
금요일의 뒷면은 상파울루야.

브이 자를 하고 사진을 찍는다.
한 방울의 눈물은 빨리 마르고
빨랫줄의 타이즈도 금방 마르지.
사바나의 선인장처럼 날씨가 좋지.

스파이더맨

 창문들은 사랑스럽다 거기에는 구름이 지나가고 비둘기가 지나가고 차가운 밤과 더러운 플래카드들이 나부낀다 빌딩들은 결코 미로가 아니다 이해받지 못하는 아름다움들이 밤이면 기하학적으로 고요해진다

 전화선이 엉켜서 네 목소리를 들을 수가 없다 뒤로 사라지는 길들 사라지며 엉켜 있는 길들 밤의 드라이브 속에서는 원하는 게 무언지 알 수 없어진다 빛나는 네온들이 눈을 흐리는 동안

 네 얼굴이 없는 감옥에서 너는 살고 있다고 한다 머나먼 나라에서 그가 하이, 하고 인사를 한다 나도 하이, 하고 인사를 한다 거기는 지금 환한가요 내가 물었다 당신은 안녕합니까 그가 물었다

 곤충의 눈처럼 빛나는 조명등 아래서 우리는 공을 던지고 공을 받았다 꿈속의 구장에서 우리는 공정했다 나는 그를 잡아둔 적이 없다 더러운 구름이 기하학적

으로 지나간다 창문들이 가지런히 닫혀 꿈을 꾼다 고요하다 눈이 부시다

우리는 만난다

그 안에 네가 있었다.

라이트가 쨍, 하고 깨지는 순간,
너의 팔이 부서지고

흰 공이 너의 밖으로 아득하게 날아갔다.

나는 있는 힘껏 고개를 돌렸고
라이트에 눈이 멀었다.

그 안에 네가 있었고
주위는 조용했는데,

어디선가 비가 내리듯
바깥이 젖는 것 같았다.

거짓말처럼 푸른 잔디가 돋아났고

붉은 흙투성이 신발을 하고
너는 뛰고 있었다.

눈뜨는 영혼

네 머릿속 주름진 길을 따라
발꿈치를 포개며 끝까지 걸어간다

밤의 버스 차창처럼,
네 눈동자는
내 더러움을 반사한다

음악이 울려 퍼지면
너는 일어나 춤을 추겠지

눈은 천천히 떠도 좋다
쿵짝짝 쿵짝짝

네 머리칼을 심은 건 이 두 손이었을까?
깊은 모래바람이 목구멍으로 불어온다

손가락 사이를 부스스 빠져나가는 신기루들
유리알이 구르고,

너는 움직이겠지만 끝없이

쿵짝짝 쿵짝짝
우리에게 안식은 없다

피의 책

너는 피의 책이다.
네 눈의 뜨거운 신경다발은 목구멍까지 이어져 있다.
얇은 낱장들이 내게서 펄럭였다.
한 권의 책에는 어떤 사건도 담기는 법.
너는 육신으로 기록한다.
내 몸의 모래 알갱이들,
발바닥을 찌르는 빛나던 유리잔,
토마토의 차가운 속살,
네 피는 붉고, 너를 서서히 채우고,
그리고 식는다.
바람은 어디에서든 잠깐, 불어왔을 뿐.
네게는 너의 현재가 읽히지 않을 것이다.
나는 아무 일도 도모하지 않기 위해
다른 나라의 말을 하기 시작했다.
그것이 언젠가 피로써 번역되기를 바라면서.

그대는 마네

그대는 마네,
그대는 확정되지 않습니다
그곳의 공기는 희박합니다
그대는 사물이 아니고
그대는 열려 있거나 애매한
문입니다
나의 눈은 움푹하고
내 귀는 모든 것을 듣지 못합니다
그대는 마네,
그대는 모든 것을 환기시키지만
그대는 단념에서 시작됩니다
그대는 끝나지 않습니다
그대는 마네,
모든 것은 자유이지만

여름의 달력

초록색 사과를 깨물던 내가 있고
사과를 네 쪽으로 갈라서 깎기를 좋아하던 당신이 있고

나는 구름이 변하는 모습을 구경하다가
구름의 발목이 사라지는 광경을 바라본다.
발목이 발목을 데리고 가는 순간에,
당신의 전화가 울린다.

여름의 구름은 대기의 규칙을 따른다.
오른발을 먼저 내미는지 왼발을 먼저 내미는지
하얀 선 앞에 서보고 싶었는데,
멀리서 시작된 누군가의 달리기.

당신의 자동응답기는
여름의 목소리만 담고 있다.
그리고 당신의 달력은
월요일부터 시작한다.

구름과 초록은 대기로 스며들고
사라지고

내 여름의 달력은
일요일부터 시작한다.

의자

네가 아, 하고 입을 벌리면
연속 촬영한 고가도로의 불빛이
늘어선 스카이라인의 모호함이
집으로 돌아가는 비둘기의 잿빛 깃털이
반짝이고, 새어나오고, 푸득인다
너의 입에서는 하나의 도시가 떠오른다

나는 네게서 뭐든 찾아낸다
네가 아, 하고 입을 벌리면
나는 길들이 가득한 정원으로 들어선다
공룡 모양의 관목도
무덤덤한 활엽의 이파리들도
훈훈하고 새침한 꽃가시도
그건 비밀이 아니고
나는 거기서 고아가 아니다

나는 거기서 고아가 아니다
우리는 한 개의 의자와

또 한 개의 의자에 마주앉았고
너는 아, 하고 입을 열었고
나는 네게서 뭐든 찾아낸다
너는 어제, 오늘,
막이 오른다

토요일은 밤이 좋아

밤이 스며들고
너는 암전된다

네 검은 무늬가 내 눈동자를 빗금 친다

너는 물끄러미 침대에 앉은 금발머리 여자
목소리가 듣기 좋다

어디로 흘러가는지 알 수 없는
물결이 넘실대고

이건 분명히 들어본 노래다
쇼의 비밀을 알아버린 슬픈 안경잡이

내 입이 조금씩 벌어진다

너는 흔들리는 토요일의 눈동자
기포들이 공중에 흩어질 때

네가 부르던 노래가
내 입에서 흘러나온다

푸른 물결이 방을 떠다닌다
이 노래는 기분이 좋다

간선 도로

 간선 도로의 태양이 당신의 오른편 어깨 위로 넘어갈 때
 나의 왼편 어깨 위로 그려지는 태양의 궤적,
 길의 끝으로 모여드는 소실점이 지니는 안간힘의 깊이,
 그 위로 지나는 구름의 무심함에 대해서.
 멀리 있는 노을, 멀리 있는 나무, 멀리 있는 집
 당신은 소멸을 이야기하였지만
 잘못 찍은 물감처럼 풍경이 흘러, 내립니다.
 노을이 구름에로
 나무에로
 집에로
 스며들어도
 노을은 노을이고 구름은 구름이어서
 비행기 지나간 자국이 하늘에 하얗게 남습니다.
 당신의 오른편 어깨 위로 간선 도로의 태양이 넘어갈 때
 나의 왼편 어깨 위로 지나는 태양의 궤적을

멀리 있는 노을, 멀리 있는 나무, 멀리 있는 집을
나는 생각에 잠기지 않고 지켜봅니다.
당신은 소멸을 이야기하였지만
약 오 분간의 착시에 대해
나는 한동안 당신과 무관하게 기억하겠습니다.

우리들의 일요일

오늘 밤에는 눈이 내린다고 하니까
닭을 삶아 하얀 살코기를 발라내자

원피스를 입고서
오페라를 구경하러 가자 금요일 밤에는
추운 나라에서 온 흑발의 사람들이
당신을 만났을 때, 라고 노래 부르는
이층 의자에 꼭 나란히 앉아서

토요일의 저녁 신문에도
일요일의 아침 신문에도
우리의 이름은 실리지 않을 거야

차에 치인 강아지는 꽃밭에 묻고
우리들은 봄놀이를 갈 거야
배꽃이 떨어지면 그물을 뚫고서
흰 구름들이 날아오르고

우리가 키스하는 동안
우리들의 눈동자를 유리 물고기처럼 부수자

토요일의 편지 봉투에도
일요일의 편지 봉투에도
우리의 이름은 씌어 있지 않을 거야

문들

 저쪽 문이 바람에 한 겹 밀리고 이쪽 문이 한 겹 열리는 것이 보인다 소리 없이 원근이 사라진 한낮 눈앞이 뿌옇다 물컵에 비친 나는 잠시, 흔들린다

 그대의 들숨이 한 번 아주 오래전에 쉬어졌음을, 주름 진 공기의 층이 증명해준다 투명한 반작용이다 나는 결국 한 모금만큼의 숨이 부족했을 뿐,이라고 중얼거린다

 몸 안에 고여 있는 잠이 꿈틀거린다 물컵은 아까부터 투명하다 이건 오랫동안 계속된 차가운 공복이다 누가 내 꿈을 헐어내고 있는가?

 얼마 전부터 나는, 자주 보이지 않는다 누군가의 악몽 속에서 나는 반복되는 여자다 저쪽 문이 한 겹, 바람에 열리고 이쪽 문이 닫힌다 물컵은 아까부터 거기 있다

봄날의 인사

당신은 경비행기를 타고

젖소들은 앉았다 섰다
자동차들은 클랙슨을
로즈마리는 바람에 나부끼고

나의 눈동자는 눈동자의 마음대로 굿바이
헬로, 당신의 프로펠러가
내 뒤뜰의 나무를 망가뜨렸답니다

당신은 대기 속에 있지 않고
나는 땅 위에 있지 않고
우리 모두는 우리의 마음대로

당신의 머플러가 나의 구름을
흩어버렸답니다

봄날의 당신은 안녕,

제4부
여기는 나일, 여기는 고베, 여기는 이름 모를

지상의 저녁식사

유리 창문들로 둘러싸여 있습니다.
저녁엔 불이 켜지고 눈이 내려요.
도마들은 참 청결해요.
탕탕탕탕 강인한 손목으로
양배추를 썰어요.
숟가락과 젓가락을
국과 공기를 올려놓아요.
식탁은 네모나고 천장은 둥그렇습니다.
의자는 세 개 한 개는 모서리에.
불이 켜지고 당신이 앉을 차례예요.
후루룩, 국수 가락을 누가 넘기나 봐요.
양파들을 채 치는 건 누구의 손목인가요?
탕탕탕탕 희고 매운 냄새가 납니다.
눈물이 투명하게 도마에 똑 떨어집니다.
유리 창문들이 둥그렇게 휘어집니다.
수증기로 흐려지지 않는
환한 실내입니다.

머나먼 북쪽

위성에서 바라보면, 도시가 있고, 도시 안에는 네가 사는 북쪽이 있지. 거기서 올라가면 비탈에 위태롭게 얹혀 있는 너의 학교. 운동장은 어린아이처럼 조용하게 엎드려 있고 북쪽에서 남쪽으로 강을 건너다니는 사람들.

위성에서 네가 사는 곳을 바라보면, 네 집은 상자곽 같고, 나무들은 성냥개비처럼 무의미하지. 너는 점처럼, 아니 너는 보이지 않고, 멀어지는 새의 선분은 투명할 뿐이네. 새는 네 삶의 건너편으로 이동하고 있었던 건지 모르지만.

여기는 공기가 다르고, 여기는 나의 나라야. 먼 소풍에서 금방 돌아온 것처럼, 끝나지 않은 것들에 대한 이야기를 하고 싶었는데, 시작은 어디서부터인지 말할 수가 없네. 여기서 내 몸은 아주 가볍게 섞여 들어가지, 너는 지금 웃고 있지만.

안녕, 나는 손을 흔드네, 안녕, 여기는 나의 나라
야.

드림 캐처

숨어 있는 항구라는 이름의 섬. 거기서는 개들이 파도를 바라보고 있다고 해. 내려오는 하늘의 꼬리가 해변과 맞닿을 때 개들의 눈가도 붉어지고.

나쁜 꿈들이 대롱거리며 매달려 있는 동안, 나는 산책을 다녀오네. 꽃무늬 물방울들이 예뻐서 혼자 웃었지. 매일매일 치마를 입는 기분으로 살았으면.

쫓겨난 개의 꿈을 엿본 건 주인의 잘못이었을까? 천장에다 소시지를 주렁주렁 걸어놓고 시튼 동물기를 읽으면 겨울은 금방 오지.

해가 떠오르면 오카리나랑 이슬 팔찌랑 무지개 해먹을 팔 거야. 골짜기의 바람을 깁는 건, 하루어치의 노동을 그물에 달아매는 저녁인데.

그러니 아무도 개들의 꿈을 대신 꿀 수 없었던 거야. 파도가 물기둥을 이루며 돌아오는 동안, 우리의 앞발도 모래 위에 얌전히 올려져 있을 수밖에 없는 거야.

아름다운 날들

거기는 인도양을 건너온 것 같은
황금의 불빛이 쏟아져 나오고
푸르게 서린 김이 넘실넘실 흘러내리는 곳
하얀 앞치마를 눈부시게 두른 여자가
그 아름다운 손으로 삑삑 바코드를 찍으면
나의 졸음은 달아나지
나는 머나먼 나라로 달아나지
사각거리는 비닐봉지에 찍힌 휘발성의 로고
잇츠 어 뷰티풀 데이
나만을 위해 열려 있는
한밤의 가게

비가 오는 밤에는 드라이진 따위를
사지 않아도 좋아
투명한 유리문 안에는 차갑고 알록달록한 병들이
그득하고 음악은
안녕, 노란 벽돌길
가끔은 창고에서 노랗게 물든 남자가 튀어나오고

잘록하게 포개진 우산들은 주인이 없다네
잇츠 어 뷰티풀 데이
문을 닫으면
무시무시한 고요 건너로 사라져버리는
한밤의 가게 굿바이

음악들

검은 눈 내린다
찰칵찰칵
내 망막에 한 장씩 끼워지는 슬라이드

나는 똑같은 사진을 여러 번 찍는
유령 사진사

또 한 롤의 필름이 네 동공 속에 풀려나간다

너의 머리카락은 카덴차처럼
한 갈래가 여러 갈래로
여러 갈래가 다시 여러 갈래로
찬 살갗에서 갈라져 나왔다

네 흰 눈썹이 찰칵찰칵
닫힐 때마다
핏속으로 눈송이가 섞여든다

창틀 안쪽으로
검은 바깥이 조용히 부풀고 있었다

에코

네 귀가
네가 앉은 소파를 어둡게 했다.

네 눈이
네가 보는 티브이를 어둡게 했다.

한 번도 들어보지 못한 음악이
네 몸속으로 들어온다.

한 번도 떠올려본 적이 없는 얼굴이
너를 맴돌아 나간다.

무섭게 번식하는 코끼리들이 물을 찾아
보호구역을 넘는다.

쓰러진 코끼리를 밟고 달려오는 코끼리를 쏜다.
빛 속으로 코끼리들은 사라진다.

네 빛들은 납작하게 눌려 있을 것이다.
아주 얇고 가벼울 것이다.

빵의 황제

선한 사람들의 얼굴을 보았네
내가 거칠고 더러운 목소리로 노래할 때
그들은 동전을 던져주었지
가슴팍에서 짤랑, 하고 새들이 울어댔네

희디흰 밀가루를 퍼주고 싶어
나는 그들에게 일곱 가지 곡식으로 만든
영양 만점의 빵을 만들어주고 싶어
그들의 가족에게 날 선 삼각모를 씌워
죽을 때까지 빵공장에서 일하게 하고 싶네

이제 거리의 악사들은 노래를 하고
나는 양복을 입고 훈장을 달았지
나는 빵의 황제,
그들은 나를 빵의 신이라고 부르네

인간의 신은 하나뿐이지만
나는 빵의 황제라네

나는 한 개 나라 말밖에 못하고
나의 식사는 그것이 아니지만
그들은 나를 빵의 신이라고 부르네

열한 개의 창문

11층에서 내다보이는 아스팔트는
차갑고 꼭 그만큼의 거리를 갖고 있습니다.

비가 올 때는 너무 오래 내려서,
빗방울이 아스팔트의 중심을 건드려도
고양이는 꿈쩍 않고 난간에 앉아 있군요.

11층에서 아스팔트 사이는 널찍하고
열한 개의 창문이 차례대로 있습니다.
열한 개의 창문 사이로 바람이 왔다가는 가고
흰 이불들은 펄럭거렸다가는 개어집니다.

아스팔트는 서서히 달궈졌다가
매일 밤 차가워지고요.

창문들은 열려 있거나, 닫혀 있고
노란 불이나 흰 불이 켜집니다.
아이들이 쥐들처럼 퉁탕거리는 소리가 나지만

가끔 아주 길게 불이 꺼져 있기도 합니다.

당신은 내 아래층에 있거나
그 아래 아래층에 살거나
맨 아래층에 삽니다.

나는 당신의 정원이 탐이 나지만
열한 개의 창문들과
11층 아래의 아스팔트에 만족하기로 합니다.

금요일이 천천히 어두워집니다.
내 창문도 차가워졌습니다.
주말에 당신은 또 다른 층을 방문합니다.

아름답고 푸른 도나우

밤마다 초콜릿과 라면을 깨먹고 잠이 들지, 냉장고에 차갑게 식은 콜라가 있으면 더욱 좋지만 어쨌든 나는 옛날로 돌아가지는 못해 너는 요즘도 털이 젖은 고양이처럼 새벽에 돌아오니?

정육점에서 경품으로 받은 독일제 식칼 세트가 맘에 들어, 검고 매끈한 칼자루를 잡으면 가슴이 뛰지 그러나 이 많은 칼들은 다 어디에 쓰는 걸까 나는 다만 맥주가 마시고 싶을 뿐인데

이 밤에 협주곡은 정말 어울리지 않아 아름답고 푸른 도나우 차가운 물결, 스커트 아래로 너의 다리가 시릴 거야 나는 아직까지 한 번도 칼자루를 놓쳐본 적이 없고

나는 괜찮아, 나는 돌아갈 수가 없어, 스탠딩 코미디를 보며 키득거리고 오늘은 두 시간이나 요리를 했지 언젠가 빛나는 저 독일제 마크를 너에게도 보여줄

수 있다면 좋을 텐데

 아름답고 푸른 도나우, 너는 지금쯤 화물열차 마지막 칸에서 까만 눈을 빛내고 있을 거고 그 강물이 어디에서 시작되는지 알려준 건 너였던가? 너는 계속 달릴 거고 나는 초콜릿과 땅콩을 씹어 먹어, 안녕

흑백 영화

그곳에 들어갔다 오면
너는 과거의 사람
너는 부드럽고 네 옷은
잘 여며져 있으나
내가 만지던 피부는 그 아래 없네
나는 두렵고
나는 기억을 직조하지만
너에겐 이성이 없지
먼 곳으로 너를 보내고
나는 잠 속의 잠이 들어
태양은 끝없이 돌고
너의 피부는 너무 하얘서
나는 내 얼굴을 들여다볼 수가 없네
그곳에 가지 않아도
너는 돌아오고
너는 내 안에서 나오지 않았네

고속도로 위에서

우리는 안녕, 이라고 말하지 않는다
내일은 가운데서 만나자,
껌처럼 늘어지는 불빛들을 눈으로 가리며
너는 입술이 삐뚤어지게 웃는다
네 머리칼을 날리며 지나가는 차들의 광속 너머로
붉은 머리를 치켜든 라이트 사이로
너는 뛰어간다
네게는 무대도 코러스도 없다
등을 구부렸다 곧게 펴고서 너는 곧잘
평균대 위에 선 아이처럼 팔을 벌린다
바람은 너의 냄새를 흩어버린다
네 맥박이 뛸 때만 너는 움직인다
우리는 안녕, 이라고 말하지 않는다
네 발목은 금방 잡힐 것만 같다
아무 데로도 가지 않는

미드나잇 트레인

이곳은 정글,
누런 연기가 피어오른다
나는 너를 매일 밤 베고 또 베고
너는 나를 기다리지
이렇게 더러운 배에서
기나긴 꿈을 꾸다니

미드나잇 트레인을 타고
네가 사는 꿈의 나라로

이곳은 늪지대,
나는 초식동물처럼 조그만 눈을 하고
너의 냄새를 맡고
나는 올라가네
나는 도달하네
네가 나를 죽음과 같은 잠에
빠뜨리는 동안

미드나잇 트레인을 타고
네가 사는 꿈의 나라로

너는 나의 악취
너를 꽃밭에 묻어놓고 저녁마다
조그만 물뿌리개로 물을 줘야지
수많은 너의 눈이
꽃처럼 피어나고
너는 내가 떠난 지 오래지 않은 곳
네가 없는 나의 세계보다
더 단순하고 고요한 곳

미드나잇 트레인을 타고
네가 사는 꿈의 나라로

흐르는 강물처럼

테이블 위의 커피가 공기 중으로 휘발될 때
창 앞 베란다의 긴 의자가 사랑스러워요
토요명화와 8시의 음악회와 까만 염소들이
약봉지 속에 티비 속에 포켓 속에 냉동고 속에

너의 이틀
나의 세 시간
당신의 화요일

거위가 침대 속으로 기어들어오는
504호실에서
내 발들은 하얗게 변해가는 중이었을까

내 몸의 커튼을 양 옆으로 걷으면
창문이 꽤 여러 개라는 사실,
한강에 떠오른 돌고래를 기억해줄래요
드러난 배가 차가웠을 텐데

커튼은 호수 밖으로 사라지네
자고 일어나면 또 잠들 수 있다는 게 정말 좋아요

당신은 토요일 아침 일찍 출발해서
표지판 없는 하이웨이를 달리고 있겠지만
그건 하이웨이가 아니었을지도 몰라
나는 내 한심한 기억력이 정말 좋아요

나는 자전거를 타고

나는 자전거를 타고,
짠 햇빛과 무관심한 바람을 통과하면서
여기는 나일, 여기는 고베, 여기는 이름 모를

당신이 걸어서 닿은 땅의 표면은
당신의 발바닥을 적십니까
습기가 발목까지 차올라 오면,
당신은 공허한 식물처럼
뿌리를 내립니다
흰 발목에서 뻗어 나가는 뿌리들,
당신은 뿌리의 힘으로 잎사귀를 피워 올리겠습니까?
시간은 느리지도 빠르지도 않게

당신은 목이 조금 마르거나
약간의 흥분이 필요한가요?
빗물이 당신을 후둑후둑 때리고 지나가듯
참기 힘든 일은 별로 일어나지 않습니다
당신은 다만 걸어서

그곳에 도착한 것이지요
시간은 느리지도 빠르지도 않게

당신의 꿈은 밀려 있어서
당신의 밤은 요람이 아닙니다
당신은 여러 번 사람들을 행인으로 만들고
그들은 여러 번 당신 위로 구름이 지나는 것을 쳐다봅니다
어떤 날의 대기는 건조한데
당신은 거기에 개입하지 않습니다
시간은 느리지도 빠르지도 않게

나는 자전거를 굴리면서
빛나는 땀방울을 마른 바람 속에 섞으면서,
여기는 나일, 여기는 고베, 여기는 이름 모를

|해설|

초연성(超然性)의 시 쓰기

이 광 호

　이상하게 마감되는 생의 순간들이 있는 것처럼, '장난처럼' 끝나는 시들도 있다. 끝날 것 같지 않은 순간에, 알 수 없는 단절을 경험하게 만든다. 그걸 무엇이라 말해야 할까? '서정' 혹은 '서사'의 형식을 포함한, 모든 재래적인 미학의 중심에는 유기적인 통일성과 완결성이라는 가치가 있다. 그 가치를 넘어서, 그 가치의 틈새에서, 시란 어떻게 끝날 수 있는가를 상상할 때, 시는 이렇게 끝나기도 한다.

　　내 몸의 빨간 피를 하나하나 응고시키면
　　이파리의 물관들처럼 싱싱한 지도가 생기겠지요
　　당신은 그냥 나를 지켜봐도 좋습니다
　　하나, 둘, 셋 하다가 나는 잠이 들 것입니다

> 당신은 마치 거기서 달리려는 것처럼
> ―「천국의 계단」 부분

> 네 손가락에 차갑게 얼어 있는 네 손마디에 기록되지 않는 귀청을 뚫고 지나가는 나는 싸구려 선술집의 주크박스에서 삼만 년째 돌고 있는 차가운 맥주 거품처럼 꺼져가는 너의 목소리는 지상의 만 분의 일 초도 흉내 내지 못하고 북극에서 차를 몰고 달려온 사내의 병 속에서 투명하고 아름다운 알약들이 꽃처럼 피어나고 흩어지고 죽음 같은 음도 고요한 칼날도 지각하지 못하는 네 손가락이 만지는 허공에
> ―「네 얼굴은 불빛 아래」 부분

사건의 구체적인 개요를 알 수 없고, '나'와 '당신' 사이 그 관계의 내용을 알 수 없다. 시간은 아주 느리게 흘러가는 듯하고, 아주 오랜 시간의 지층들이 한꺼번에 들이닥치는 것 같기도 하다. 그 이상한 시간들 사이에서 '나'와 '너'는 그 실체를 드러내지 않고 떠돈다. 왜 시가 이렇게 이상한 방식으로 마감되어야 하는 것일까? 시간의 운행과 행위의 과정이 드러나지 않는, 서사적 요소가 전혀 개입되지 않는 순결한 서정시라고 하더라도 그 속에는 어떤 '시간'이 있을 것이다. 사건의 시간은 아니더라도, 적어도, '시를 써내려갔던 시간' 혹은 '시를 읽어가는 시간'이 있다. 그러니까 처음과 중간과 끝이 있다. 처음은 처음 같

고, 끝은 끝 같을 것이다. 그런데 이렇게 끝이 '끝'처럼 보이지 않을 때, 시는 문득 다른 시간의 틈새를 드러낸다. 발화의 처음과 발화의 마지막은 시간의 논리 너머로 미끄러지며 뒤섞인다. 그래서 앞의 시에 나오는 "당신에게는 시간이 오래 머물러 있습니다"라는 문장과, 뒤의 시에서의 "너의 목소리는 지상의 만 분의 일 초도 흉내 내지 못하고"라는 표현 속에서, 시간은 잘게 분절되거나 점액질로 흘러내리지만, 어떤 '선형성(線型性)'을 비껴간다. 하나의 선형적인 시간의 궤적을 인식하는 동일자로서의 서정적 주체는 희미해진다.

> 그녀는 책장을 넘기고 있었고
> 남자가 문 열린 차를 타고 벼랑으로 내달았고
> 고양이가 식탁 위의 커피잔을 건드렸고
> 양탄자가 약간 들썩거렸고
> 고장난 시계 초침이 열두 번을 돌았고
> 소년은 마라톤 결승 테이프를 끊었고
> 그녀는 행운을 빌었으나
> 양손이 쪼글쪼글해지고
> 머리칼이 가늘어지고
> 커피는 쏟아졌고 양탄자는 젖지 않았고
> 남자가 녹색 지붕 아래 비행하는 순간
> ─「동시에」 전문

"~고"라는 연결어미의 반복으로 구성된 문장들은 이질적인 장면들을 병렬적으로 이어준다. 이 사소한 사건들 사이의 인과성과 연관성을 찾아내기는 힘들다. 앞에서 나왔던 '그녀' '남자' '커피'에 관련된 사건들이 되풀이해 등장한다고 하더라도, 그 사이의 의미의 연쇄를 발견할 수 없다. '동시에'라는 제목이 암시하는 것처럼 여기에는 어떤 선형적인 시간의 궤적이 보이지 않는다. 모든 것은 동시다발적으로 일어나는 듯하다. 이런 형식은 일종의 '반(反)목적론적' 트임의 세계라고 할 수 있다. 선형적인 시간을 부정하는 '반(反)결말' '반(反)구조'의 형식은 서정적 시간의 처음과 끝의 구조를 무화시킨다. 시간의 순차적 운행을 기록하는 유기적인 형식은 날아가고, 낯선 순간의 문장들이 병치됨으로써 시적 시간을 다른 차원으로 옮겨 놓는다. 은유적인 원리는 숨어버리고 환유적인 기술들만이 '무매개적'으로 펼쳐진다. 그런데 이 시 속에는 하나의 '동시적' 순간만이 존재하는 것이 아니라, 깊은 차원의 시간의 속도감이 숨겨져 있다. "그녀는 행운을 빌었으나/양손이 쪼글쪼글해지고/머리칼이 가늘어지"는 시간대는 결코 순간이 아닐 것이다. 그러니까 '동시에'는 그 안에 얼마나 많은 늙은 시간들을 숨기고 있는 것일까? 거기서 시간의 가볍고도 투명한 공허를 만날 수 있을까?

이런 형식은 이 시의 화자의 투명성과 익명성이라는 문

제와 연관된다. 실존적인 구체성과 일관된 내면적 인격을 확보한 화자의 얼굴을 만날 수 없다. 인간적인 논평 없이 장면과 사건들은 단지 병치적으로 편집될 뿐이다. 시적 자아의 내적 존재감 자체를 가늠할 수가 없다. 파편화된 시간들이 어떤 질서도 없이 나열되는 것은, 그것을 통어하는 서정적 자아가 구축되어 있지 않기 때문이다.

>그림자들이 여러 개의 색깔로 물든다
>자전거의 은빛 바퀴들이 어둠 속으로 굴러간다
>
>엄마가 아이의 이름을 길게 부른다
>누가 벤치 옆에
>작은 인형을 두고 갔다
>
>시계탑 위로 후드득 날아오르는 비둘기,
>공기가
>짧게 흔들린다
>
>벤치, 공원, 저녁과는 상관없이   ―「휘파람」 전문

 이 시는 '벤치, 공원, 저녁'의 풍경들에 대한 짧은 소묘처럼 보인다. 풍경을 묘사하는 시적 주체의 내면은 결코 드러나지 않고, 인물과 사물들은 다만 순간적으로 그리고

즉물적으로 포착될 뿐이다. 풍경을 내면화하는 인간적인 시점은 드러나지 않는다. 즉물적인 상황 포착이기 때문에, 장면들 사이의 은유적인 논리는 구축되지 못한다. 이미지들은 다만 같은 '공간-공원' '시간-저녁'이라는 시공간적인 인접성만으로 배열되어 있을 뿐, 그 배열의 필연적인 내적 논리를 찾기 힘들다. 화자는 풍경의 표면과 특정한 순간의 감각만을 포착하려는 것 이외에 다른 의도를 갖지 않는 것처럼 보인다.

여기에서 두 가지 의문이 제기될 수 있다. 우선 하나는 '휘파람'이라는 이 시의 제목이다. 시의 본문 속에는 '휘파람'과 연관된 어떤 정보도 주어지지 않는다. 물론 '공원-저녁'의 시공간 안에서 휘파람 소리가 들려온다는 암시로 읽을 수도 있다. 혹은 그 안의 각각의 장면들이 일종의 휘파람과 같은 신호에 비유된다는 해석을 추가할 수도 있겠다. 그러나 휘파람은 단지 휘파람일 뿐이고, 제목은 단지 제목일 뿐. 제목과 본문과의 어떤 유기적이고 은유적인 연관 자체를 이 시는 의도하지 않았다고 볼 수 있다. 이런 맥락에서 "벤치, 공원, 저녁과는 상관없이"라는 마지막의 문장에 의문이 집중된다. 이 문장이 문제적인 것은 이것이 앞의 이미지들의 은유적인 연관성을 '결정적'으로 무너뜨린다는 점이다. "굴러간다" "두고 갔다" "흔들린다"로 요약되는 앞의 세 가지 사건들의 연관성을 통합해야 할 마지막 문장은 거꾸로, 그것을 해체해버린다. 그런 장면들은 "벤치, 공원, 저녁과는 상관없이" 벌어진 일들로 드러난다. 앞의 장면들을 이어주었던 유일한 매개인 '공간-시간'의 인접성마저 무너뜨리는 것이다. '상관없이'라는 표현은 하재연 시의 구성 원리를 함축적으로 드러낸다.

> 보폭을 유지하기 위해서는 그의 등을 잘 보아야 한다
> 다가서는 순간
> 등의 표정은 무너지고 만다
>
> 거리에서 나는 늘 추월당한다
> 지나쳐온 것들은 언제나 뒤에 남아 있기 때문이다
>
> 돼지의 여름과 무관하게
> 호랑나비의 여름과 무관하게
>
> 새가 아파트 103동과 105동 사이로
> 조용히 날아간다
> 하늘에는 새의 곡선이 남아 있지 않다
> ―「나비 효과」 부분

널리 알려진 대로 '나비 효과'라는 가상의 현상은 기존의 물리학으로는 설명할 수 없는 이른바 '초기 조건에의

민감한 의존성,' 즉 작은 변화가 결과적으로 엄청난 변화를 초래할 수 있는 경우를 말한다. 그런데 이 시에서 '나비 효과'는 이상한 방식으로 시적 모티프를 얻고 있다. 시에는 "화면의 폭우"가 "미칠 듯이 계속되"는 정황과 "지붕 위에 올라간 돼지들"의 장면, 그리고 "당신은 술 취해 택시 기사와 멱살잡이를 하는" 혹은 "한 호랑나비 웃는 얼굴로 날갯짓" 하는 상황들이 나열된다. 돼지들이 지붕 위에 올라가는 상황은 폭우로 인한 것이지만, 나비 효과의 이론에 의하면 그 폭우는 '호랑나비의 날갯짓'과 '민감한 의존성'을 가질 수도 있다. 그런데 이 시의 후반부는 다른 국면으로 전개된다. '무관하게'라는 표현이 반복되는 것처럼, 내가 거리에서 추월당하는 일과 "새가 아파트 103동과 105동 사이로/조용히 날아"가는 사건들 사이에서, '돼지의 여름'과 '호랑나비의 여름'은 매개되지 않는다. 사물들의 '민감한 의존성'은 '민감한 무관성'으로 전복된다. 사소한 사건과 큰 사건의 잠재적이고 심층적인 연관성을 말해주는 '나비 효과'는 여기서 시적으로 배반당한다. 그 사건들과 시간들은 단지 '무관'했던 것이 아닐까?

어려운 건 결심의 문제다 저 구름은 오 분간 한자리에 머물러 있기로 한 모양이다 오 분 후 구름은 쉬지 않고 내내 자세를 바꿀 수도 있을 것이다 중요한 것은 내가 보고 있는 오 분간이다 바람이 구름을 지나치는 순간, 구름의 모양은 흐트러진다 그것이 바람의 힘이었을까를 생각하는 것은 어리석은 일이다 그렇지 않은가? 그 역도 마찬가지다 구름의 힘이 바람을 불러들인 것은 아니다 저기 있는 구름을 결정한 것은 구름의 형태가 아니고, 내가 보는 구름은 오 분간 한자리에 머물러 있는 구름이다 우리는 오 분간, 아주 약간, 옮겨진 건지도 모르지만 ——「오 분간」 전문

'오 분간'이라는 시간은 어떤가? '오 분간'은 내가 구름을 보고 있는 오 분간이다. 그건 구름의 '오 분간'이 아니라, 구름을 보는 나의 '오 분간'이다. '오 분간'은 구름이 아닌 '나'의 주관적 시간에 속한다. 다음, 구름의 모양이 흐트러지는 것이 "바람의 힘이었을까를 생각하는 것은 어리석은 일이다"라는 진술이 따라온다. "구름의 힘이 바람을 불러들인 것은 아니다"라는 단호한 문장처럼, 구름과 바람은 단지 무관하다. 이 사물들의 무관함은 구름을 보는 '나'의 시선의 형식이기도 하다. '나'는 '구름'에 나의 인간적인 시점을 개입시키려 하지도 않고, '구름'과 '바람'의 '상호 조응'을 주장하지도 않는다. 다만 중요한 것은 구름을 보는 '나의 오 분간'일 뿐. 그 '오 분간' '우리가' "아주 약간, 옮겨진 건지도 모르지만"이라는 유보조차도 '구름'에 대한 '나'의 동일성을 비껴간다. 이 투명하고도 심드렁한 시선은 '오 분간'의 시간을 서정적 시간으로 만들지 않고, 사물들의 무관성을 드러내는 자리로 만든

다. 그걸 "시간의 틈새에 몸을 열어두는 일"이라고 하면 어떨까?

> 고요한 한낮을 기억할 수 없이 오랜 동안 건너왔다는 이야기를 하는 것은 아니다 시간의 틈새에 몸을 열어두는 일 그리고 낮과 밤의 기나긴 운행 뚫린 하늘로부터 내려앉는 살비듬들, 천장이 아득해진다
>
> 푸른 먼지 결 고운 곰팡이는 내 좋은 토양 몸 안의 무화과 이파리 줄기들 한없이 전화선 속으로 들어가 우주 건너편의 어떤 한낮, 누워 있는 여자의 눈까풀을 가만히 쓰다듬을 것이다 그 화사한 손길을 꿈꾸는 동안, 그리고 누구도 나를 방문하지 않는 동안 —「오래된 침대」 부분

여기 아주 오랜 시간의 이미지가 등장한다. 그 시간의 아득함은 "몇백만 년 전" "기억할 수 없이 오랜 동안" "낮과 밤의 기나긴 운행" "우주 건너편의 어떤 한낮"과 같은 시어들을 꺼내 놓는다. 이 아득한 시간들은 서정적 공간 안에서 '대과거'를 호출함으로써 '원형적 인간'으로서의 '나'의 영원한 동일성을 꿈꾸는 방식이다. 그런데 아득한 시간의 상상력은 이 시에서는 '나의 영원한 동일성'을 보장해주지 않는다. 우선 "나를 지나간 지상의 숨결들 내리쬐던 환한 빛을 기억하려 할 때마다 옆구리가 아파왔다."

해설 | 초연성(超然性)의 시 쓰기

오랜 신화적 과거를 호출하는 것은 '나'의 실존적 기원을 확인하는 것이 아니라, 일종의 통증이다. 그건 단지 "시간의 틈새에 몸을 열어두는 일"의 일종이다. 깊은 시간을 상기anamnesis하는 일은 플라톤적인 의미에서 인간의 혼이 자신이 태어나기 이전의 이데아를 되돌아봄으로써 참된 인식에 도달하는 작업, 혹은 원형적 인간으로서의 '나'의 영속성을 확인하는 작업이다. 그런데 이 시에서 그것은 일종의 질병의 기억 혹은 기억이라는 질병으로서의 기왕증(旣往症)이 된다. 그것은 몸의 질병이다. "푸른 먼지 결 고운 곰팡이"가 "내 좋은 토양 몸 안의 무화과 이파리 줄기들"과 연결되는 장면은 그 깊은 과거가 내 몸의 미래가 되기도 하는 상상적 공간을 연출한다. 그 공간에서 기억은 '나'의 원형적 영속성을 재구성하는 것이 아니라, '나'의 그 우주적 '유한성'과 시간의 틈새를 경험하는 자리이다. 그 미래적 공간이 "누구도 나를 방문하지 않는 동안"이라는 시간 속에서 구축되는 장면을 보자. '나'는 다만 아무도 찾아오지 않는 시간 속에서 그 틈새의 다른 상상적 시간을 본다.

우리는 달려간다 이상한 나라로 니나가 잡혀 있는 사차원의 세계는 언제나 방과 후였다 방과 이전과 방과 후의 세계는 나에게 두 가지뿐이었다 영어 선생은 추한 여자였다 긴 화상 자국이 블라우스 아래 숨겨져 있을 것 같았다

붉은 꽃을 보여준 건 주근깨였다 엄마는 어느 날 아침인
가부터 울면서 깨어나지 않았다 냇물아 흘러 흘러 어디로
가니 따위 노래는 이제 아무도 부르지 않는다 은빛 바퀴는
어디론가 굴러갔다 나는 초록색 철대문집 아이였다
　　　　　　　　　　　　　　　―「라디오 데이즈」 부분

어쩌면 이런 시에서는 시인의 실존적인 시간의 궤적이
잘 드러나 있다고 말할 수 있겠다. 장면들은 생생하게 구
체적이고 과거형의 어미가 채택된다. 그 장면들은 그러나
화사한 빛깔의 그리움으로 채색되지 않는다. 우선 이 장
면들 사이의 인과적 관계와 연속성을 발견하기가 쉽지 않
다. 장면들은 파편화되어 있고, 어둡고도 불편한 기억의
조각들이 순서 없이 등장한다. 그 불편한 기억들 사이로
'이상한 나라'의 '사차원 세계'는 '방과 후'로 이미지화된
다. '방과 이전'과 '방과 후'의 두 시간대밖에 주어지지 않
는 시간을 '나'는 어떤 불안하고 추한 억압된 이미지로 떠
올린다. 그 이미지들 속에서 "엄마는 어느 날 아침인가부
터 울면서 깨어나지 않았다"라는 사건이 박혀 있지만, 자
전거의 "은빛 바퀴는 어디론가 굴러갔다." '나'는 그런 중
요한 기억에조차 짐짓 초연한 듯하다. "나는 초록색 철대
문집 아이였다"라는 '나'에 관한 마지막 정보가 이 시에
등장하는 조각난 기억들을 통어할 수 있을까? 이 시의 각

각의 기억들은 '나'의 실존적 동일성을 구체화하는 것이 아니라, 오히려 흩어놓는다. '나'는 점점 더 알 수 없는 존재가 되어 '초록색 철대문' 안에 숨는다. 그러니까 상상적 기억은 '나'를 만드는 작업이 아니라, '나'를 어둡고 불편한 시간 속으로 이동시키는 장치이다.

    당신은 그 여자를 알고 있었는가? 떨림이나 울음 같은 것을 말하는 것은 아니다
    그 여자의 보이지 않는 둘레 안에 누군가 들어왔다 나갔다 하는 것을 둥그런 무늬가 일그러지거나 또 다른 고리를 만드는 것을
    만약 당신이 선택하는 자라면 옆에 있거나 떠나거나 둘 중에 하나이다 그러나 당신은 그 여자를 알고 있었는가?
    그 여자는 울거나 웃었거나가 아니라 다른 쪽을 향해 조금씩 움직였다는 것을 ——「이동」 전문

'이동'이라고 말했지만, 그 단어야말로 사물과 인간의 움직임을, 혹은 시간의 운행을 가장 심플하고 정확하게 지칭한다. 문제는 그 '이동'의 내용을 설명하려는 온갖 '인간적인' 시점들이다. 보자. '한 여자'를 안다는 것이 무엇인가? 그 여자의 모습을 보고 '떨림'이나 '울음'을 발견했다면, 그 여자를 아는 것일까? 혹은 그 '떨림'이나 '울음' 따위로 그 여자의 내면을 파악할 수 있는 것일까? 이

시의 화자는 너무도 담담하게 "그 여자는 울거나 웃었거나가 아니라 다른 쪽을 향해 조금씩 움직였다"고 진술한다. 한 여자는 다만 조금씩 움직이는 여자일 뿐, '떨림'과 '울음'이 그 여자를 알게 해주는 것은 아니다. 단지 '당신'은 "옆에 있거나 떠나거나 둘 중에 하나"를 선택할 수 있을 뿐이다. 어쩌면 그 선택 역시 '당신'의 '이동'에 불과한 것이지만. 사물과 시간들이 그러한 것처럼, 인간은 조금씩 '이동'할 뿐이다.

> 당신이 나의 말을 이해할 수 없다면
> 그건 내 뜻이 아닙니다
> 그렇지 않은가요?
> 어느 날 당신은 누군가를 사랑하게 되고
> 거리에 불이 켜지면
> 나는 거리로 나갑니다
> 어느 날 가로등들이 꺼졌다 켜졌다 하듯이
> 당신은 누군가를 만나게 되고
> 나는 쏟아지는 불빛을 거리에서 맞습니다
> 나의 의지는 나만의 것이지만,
> ―「나만의 인생」 부분

"나의 의지는 나만의 것"이라는 명제 역시 단순하고도 명료하다. 이 반박할 필요조차 없는 명제는 '관계'의 초연성에 대한 담화로 전환된다. "당신이 나의 말을 이해할 수 없다면/그것은 내 뜻이 아닙니다" 혹은 "어느 날 가로등들이 꺼졌다 켜졌다 하듯이/당신은 누군가를 만나게 되고" 같은 표현들 속에서의 '나'의 초연한 태도는, 이 시집을 관통하는 시적 화자의 '사물'과 '시간'에 대한 감각이기도 하다. 그걸 어떻게 받아들여야 할까?

서정시적 공간과 시간을 규정하는 시적 주체의 핵심적인 태도 중의 하나는 대상에 대한 내면적 '관심'이다. 그 '관심'은 대상과 '나'와의 '관련성'을 상상하고 재구성하는 시적 진술들을 만들어낸다. 이를테면 구름과 나무와 '당신'은 '나'와는 절대로 무관할 수 없는 존재들이며, '나'는 그것들과의 깊은 내적 관련성을 확인함으로써 어떤 '동일성'의 체험을 하게 된다. 서정적 공간이 그 안의 사물들 사이의 유기적인 풍경으로 짜여져 있고, 서정적 시간이 그 순간들 사이의 내적 연속성과 인과성으로 구성되어 있는 것은 필연적이다. 그런데 만약 어떤 시가 대상에 대한 '나'의 무관성(無關性)을 노래한다면? 혹은 사물과 사물들의 무관성, 순간과 순간들의 무관성을 노래한다면? 그걸 서정시라고 부를 수 있을까?

하재연의 시는 적어도 외형적으로는 서정시의 일반적인 형태로부터 크게 벗어나 있지 않은 듯이 보인다. 화자가 절제된 음색으로 '풍경'과 '시간'을 압축적으로 표현하고 있으니까. 극단적으로 그로테스크한 환상이나 무차별적인 과잉의 언어들을 보여주는 것도 아니다. 그렇다고 하더라도 하재연의 시가 재래적인 서정시의 세계관을 답습하고 있다고 판단한다면, 그건 오류에 가까울 것이다. 하재연은 '순간과 압축성'이라는 서정시의 미적 자질을 재전유하여 그것의 세계관을 내파한다. 하재연 시 속에 등장하는 장면들, 순간들은 서정적 주체의 연속성과 동일성을 보장하는 '충만하고 영원한 현재'가 아니다. 압축과 집중의 언어들 역시 대상의 내면화 혹은 내면 세계로의 집중을 의미한다기보다는, 대상의 내면성을 소거하는 미적 효과를 발휘한다. 서정적 감동과 파토스적인 감동을 모두 비껴가는 시적 화자의 초연한 시선은 그 시선의 주체성을 비워버린다.

그런데 말이다. 주체와 대상, 사물과 사물, 시간과 시간을 '무매개적'으로 파악하는 건조하고 심드렁한 화법에 대해 어떤 '냉소적 세계관'을 만나기보다는, 또 다른 시적 매혹을 경험하는 것은 왜일까? 하재연의 시에서는 현대시의 서정성이 더할 나위 없이 투명해져서, '삶의 깊이와 내면성'의 가치마저 투명하게 바라보게 한다. 하재연의 시는 흘러넘치는 과잉의 언어들을 비껴가면서도 서정성의 권위를 내파하고 그 현대성을 재구축한다. 이것이 하재연 시의 가능성을 '동시대'적인 맥락에서 읽게 만든다. 하재연은 현대 시의 몸 안에서 다시 다른 시간의 몸을 연다. 새로운 시간의 몸은 투명하게 얇고, 때로 아무렇지도 않게 아프다. 시인이 "아무 일도 도모하지 않기 위해/다른 나라의 말을 하기 시작"(「피의 책」)하는 사람이라면, 그 최후의 전언은 "노래는 끝을 알 수 없이 희미해져/그대는 죽지 않고 나는 살아 있네"(「아마도 내일은」)일 뿐이다. 다만 나는 그 시인의 말이 "언젠가 피로써 번역되기를" 바랄뿐.

> 바람은 어디에서든 잠깐, 불어왔을 뿐.
> 네게는 너의 현재가 읽히지 않을 것이다.
> 나는 아무 일도 도모하지 않기 위해
> 다른 나라의 말을 하기 시작했다.
> 그것이 언젠가 피로써 번역되기를 바라면서.
>
> ─「피의 책」 부분